Catherine Oudot

Graines germées
Une explosion d'énergie vivante

ANAGRAMME
éditions

Remerciements

Je remercie du fond du coeur « mes élèves »,
qui me stimulent pour aller plus loin dans ma démarche.

Je tiens également à remercier le docteur Marik Cassard pour ses précieuses informations sur les graines germées, ainsi que Caroline Jolivot pour son intervention engagée.

Je remercie enfin Philippe Bourgois (Germ'line), qui a très aimablement répondu à mes nombreuses questions sur les graines germées.

Crédits photos
Cadmium, Germ'line

Couverture et illustrations : Cadmium
http://cadmium.blogspirit.com

Collection (nature gourmande)
dirigée par Natacha Duhaut et Béatrice Thibault

Mise en page : Yamina Sadki

Dépôt légal 1er trimestre 2007
ISBN 978-2-35035-102-5
Imprimé en France par Impression Design
F-92100 Boulogne - 33 (1) 46 20 57 57

Edité par ANAGRAMME éditions
48, rue des Ponts F-78290 Croissy sur Seine
33 (1) 39 76 99 43
info@anagramme-editions.fr
www.anagramme-editions.fr

Sommaire

Introduction

Il y a bien longtemps, j'ai pris conscience de la nécessité de remettre en question mon alimentation. A l'époque, je n'avais pas encore entendu parler des graines germées, ou si peu. Il est vrai que mon premier souvenir se rapportant à cet aliment vivant est fugace et peu concluant. Je me souviens de lentilles prenant doucement vie sur un morceau de coton hydrophile... c'était durant ma scolarité de petite fille.

Au fil de mes recherches et de mes découvertes, une porte s'est entr'ouverte. Et ces aliments magiques sont venus à ma rencontre. C'est leur histoire que je vais vous raconter tout au long de ces pages, ou du moins celle qui s'est faite mienne au gré des mes expériences.

Il me tenait à cœur de vous faire découvrir toute la magie que renferment ces graines pour notre santé. Je vous révélerai également les détails pratiques tels que les bons récipients, les temps de germination en fonction des graines choisies ainsi que les utilisations culinaires possibles. Tous ces éléments seront abordés avec un seul et même objectif : vous donner l'envie de vous lancer dans la germination sans « prise de tête ».

Dans les secrets d'une bonne alimentation

Trouver l'harmonie entre alimentation et digestion

Avant d'entrer dans le vif du sujet des graines germées, je me dois de faire un détour par le fonctionnement de notre système digestif. C'est enef-fet à la lumière des mécanismes et des besoins du corps humain que vous pourrez réaliser à quel point sont bénéfiques ces petites graines germées, **aliments vivants** tellement riches en enzymes, minéraux, vitamines et oligoéléments !

Le savez-vous ? Tous nos aliments se composent de grosses et de petites molécules. Les grosses molécules, appelées « macronutriments », sont les protéines, les lipides (graisses) et les glucides (sucres). Les petites molécules, quant à elles, sont les « micronutriments ». Elles regroupent notamment les vitamines, les minéraux et les oligoéléments. Ces deux grands groupes de molécules sont présents dans notre alimentation dans des proportions différentes et des compositions différentes, trame de la diversité et de la richesse de notre alimentation. Pour être en bonne santé, il convient de respecter un équilibre judicieux entre ces deux groupes.

Bien mastiquer, c'est un bon début

Dès que les aliments arrivent dans notre bouche, commence la digestion. Voilà pourquoi il est important de bien mastiquer. Cette première étape permet, en effet, la dégradation efficace de chaque bouchée : la dégradation mécanique grâce à nos molaires et celle, chimique, grâce aux sucs enzymatiques contenus dans notre salive. Lorsque cette étape est « zappée », comme c'est trop souvent le cas, la digestion commence mal... Et c'est sans surprise que l'on termine le repas avec, notamment, des ballonnements et de la fatigue. Les aliments, dégradés tout au long du système digestif, se transforment en particules infiniment petites capables de franchir la barrière de notre intestin : on les appelle nutriments ou substrats.

Hommage au foie, un filtre bien utile

Le sang va assurer le transport de toutes ces bonnes choses (si tout va bien) vers chacune des cellules de notre corps. Mais auparavant, le foie va intervenir pour filtrer les toxines qui se seraient permis de passer cette barrière. Gros travail que le sien, trop souvent méconnu et qui mérite que nous nous attardions quelques instants.

Le foie est notre plus gros organe, et ses fonctions sont multiples. Il intervient indirectement dans le processus de la digestion en prenant en charge le service de la voierie ! En effet, les molécules dangereuses pour notre santé, que ce soient les virus, les bactéries, les cellules cancéreuses, les produits chimiques issus de notre alimentation ou des médicaments... bref, toutes les substances nocives seront exterminées par notre foie, dans la mesure de ses capacités. Quant aux nutriments, ils prendront le chemin de nos cellules, qui attendent leur « plateau-repas ».

Vive le cru !

Les milliards de cellules qui composent notre organisme sont agglutinées entre elles pour former nos tissus et nos organes. Ce sont chacune de ces cellules qui vont être alimentées, jour après jour, repas après repas, grâce à ce que nous mangeons, à l'air que nous respirons, aux pensées et aux émotions qui font de nous des êtres uniques. A partir de là, il est facile de comprendre que certains aliments seront mieux adaptés que d'autres à nos besoins. Pensez-vous que des menus quotidiens composés de mauvaises graisses, de mauvais sucres, de produits chimiques, d'aliments carencés et dégénérés puissent engendrer une santé florissante ?

Mangez du cru au début du repas

Quand on prend conscience que la meilleure alimentation est l'alimentation la plus naturelle possible, en harmonie avec le cycle des saisons, dans le respect de la nature, il devient évident qu'une nouvelle façon de composer nos menus s'impose. Les végétaux crus non traités, ayant poussé sur un sol sain, cueillis à maturité et consommés à la bonne saison sont déjà un gage de meilleure santé. Avec les graines germées, c'est un pas de plus dans la qualité des molécules apportées à notre organisme.

Des études scientifiques ont mis en évidence l'importance de consommer du cru au début de nos repas. Pourquoi ? Parce que notre système immunitaire ne reconnaît pas les molécules cuites, qui ont subi des transformations. Les globules blancs ou leucocytes vont se démultiplier pour aller lutter contre l'envahisseur (les molécules cuites), provoquant une fatigue digestive : c'est ce que l'on nomme la leucocytose digestive. Cette leucocytose digestive est d'autant plus marquée que notre système immunitaire va devoir faire face à des cuissons dangereuses : micro-ondes, cocotte minute, four à haute température, barbecue, poêle trop chauffée avec des mauvaises huiles...
Une belle assiette de légumes crus, variés, choisis en fonction des saisons, et d'origine biologique vous mettra à l'abri de cette pathologie. Et si cette assiette s'égaye de graines germées, tout devient merveilleux !

Attention aux mauvaises cuissons

Quelle que soit la cuisson utilisée, les molécules contenues dans les aliments sont modifiées. Elles le sont peu lorsque vous préférez les cuissons à la vapeur, à l'étouffée et au wok (en les pratiquant correctement bien sûr). Et beaucoup lorsque vous utilisez la cocotte minute, le four à micro-ondes et toutes les cuissons à haute température. En mangeant des aliments cuits ainsi vous sollicitez de façon excessive votre système digestif et votre système immunitaire, vous ressentez de la fatigue et de la difficulté à digérer. Des maux bénins ou plus sérieux commencent à voir le jour. Bref, votre alimentation ne répond plus aux besoins de vos cellules.

L'alimentation vivante pour une santé florissante

A votre avis, que vaut-il mieux consommer : une saucisse de Strasbourg achetée en grande surface ou une grappe de raisin de culture biologique ? Je vous vois déjà sourire, tellement ma question semble sotte. La réponse est une telle évidence que vous n'y faites même plus attention. Pourtant, c'est cette petite attention toute simple, que l'on pourrait appeler « conscience », qui va faire la différence.

L'alimentation vivante s'appuie sur la consommation d'aliments vivants, c'est-à-dire n'ayant subi aucune pollution ni transformation. Les cuissons au-delà de 50°C (120 ° F) sont bannies, car il s'agit du seuil au-delà duquel les enzymes sont détruits. La préférence va aux végétaux crus, de saison, mûrs à point, ainsi que vers toutes les méthodes qui bonifient l'aliment : la germination,

les jeunes pousses consommées en salades ou en jus, les algues, la fermentation.
C'est un monde inconnu pour la plupart d'entre nous. L'alimentation vivante permet de se nourrir au mieux de nos besoins, facilement, et à moindres frais.

Bien sûr, cela implique une remise en question complète... Sans être trop radicaux dans cette démarche, **il serait souhaitable de consommer environ 50 % de nos aliments crus**, de bonne origine, bien évidemment. Beaucoup d'entre nous sont très loin de cette proportion !

Le grain de sel de Caroline Jolivot

Nutritionniste, consultante et conférencière en alimentation biologique, *CaroBio*, comme on la surnomme, se donne pour mission d'enseigner l'art de manger sain et de « vivre bio ». Elle nous livre ici sa vision des graines germées.

« Les graines germées : une mode ou la nutrition de l'avenir ?
La santé durable des adeptes de cette *alimentation vivante* le dira ! Les graines germées sont la partie la plus visible d'une nouvelle conception de l'alimentation qui privilégie les « verdures bio crues » : les graines et les jus d'herbes à l'énergie biodisponible, et toute la vitalité des légumes bio de saison et de proximité. Une alimentation qui économise l'énergie digestive et les enzymes, qui privilégie les aliments alcalins et ne nécessite pas de produits animaux. Ces graines germées très digestes procurent une énergie d'action immédiate, une vivacité d'esprit, une meilleure sensibilité à ce qui est bon pour soi. Elles préservent les intestins, permettent des cures de « détox » et de revitalisation, et aident ainsi à gérer les allergies et intolérances. Cette revitalisation (disponible pour tous !) permet un bien-être global, source de joie intérieure et de relation plus paisible à la Terre et à ses ressources. Prudence pour les « énergies en faiblesse » : il faut pour ces personnes privilégier la régularité des repas, du sommeil et des moments en plein air.
Et si ces graines germées étaient là, aujourd'hui, pour nous fournir une nouvelle énergie abondante, si disponible et si peu chère ? Une solution véritablement écologique à notre survie ! »

Les graines germées, une explosion de nutriments

Aux origines des graines germées

Il est difficile de dater avec exactitude les débuts de l'utilisation des graines germées. Les premières traces écrites remonteraient à 2000 ans avant Jésus-Christ. A cette époque, les Esséniens, un peuple précurseur de la chrétienté vivant en Palestine, utilisaient abondamment les graines germées. Grâce à une alimentation très équilibrée et proche de la nature, ils ont laissé à la postérité l'image d'une population au zénith de la santé. Au-delà de cette image, ils nous ont également légué la fameuse recette du « pain essène », réalisé à partir de graines de blé germé. Vous trouverez la recette de ce délicieux pain millénaire dans la partie « Recettes gourmandes » de ce livre.

Aujourd'hui, ceux d'entre nous qui ont introduit les graines germées dans leur alimentation quotidienne savent bien que la vie, le bien-être et la santé sont le fruit d'une alimentation saine. Malheureusement, trop peu nombreux sont ceux qui connaissent ces « miracles » de la nature. Et plus rares encore sont ceux et celles qui savent comment s'y prendre pour faire germer les graines dans de bonnes conditions.

Qu'est-ce qu'une graine germée ?

Citez-moi un aliment que vous mangez vivant (excepté les huîtres) ? A moins que vous ne vous aventuriez dans quelque restaurant du bout du monde où l'on vous servirait des animaux vivants (il paraît que le goût est subtil, horreur !), les graines germées font partie de ces rares aliments qui sont encore vivants lorsque nous les portons à notre bouche. Prenez le cas d'un

Connaissez-vous le pain essène ? C'est un pain cru réalisé à base de graines germées de blé ou d'épeautre. Sa réalisation est simple et rapide. On le trouve dans la plupart des magasins de produits biologiques, mais vous pouvez aussi le réaliser vous-même. Cela vous permettra de varier les saveurs et de prendre beaucoup de plaisir à déguster une de vos préparations originale et ô combien digeste.

Intolérance au gluten, une nouvelle mode ?

De plus en plus de personnes sont intolérantes au gluten. Comment cela s'explique t-il ? Le blé se faufile partout dans notre alimentation. Or le gluten est une molécule protéique contenue dans cette céréale et ses dérivés tels que le kamut, l'épeautre ou l'engrain, mais aussi dans le seigle, l'avoine et l'orge. C'est au niveau de la céréale de blé que les problèmes sont légion car de toutes, c'est la plus dénaturée et la plus utilisée dans l'industrie alimentaire.

Le gluten est une molécule de protéines aux propriétés particulières. C'est une sorte de colle qui donne aux pâtes leur souplesse et leur élasticité. Les chercheurs se sont aperçus qu'en modifiant cette molécule de gluten, on obtenait une nette augmentation de la production : rentabilité oblige ! Notre cher grain de blé a donc été modifié en conséquence et la molécule de gluten y est devenue énorme. Nos organismes n'ont pas mis longtemps à s'en apercevoir. Au fil des semaines, des mois, des années d'absorption des pains et autres préparations à base de farine, ils ont « déclaré forfait ».

Régulièrement agressée, la paroi de nos intestins s'est érodée, fragilisée. Du coup, elle est devenue hyper réactive à toutes ces molécules dénaturées, causant ainsi des pathologies liées à une intolérance alimentaire.

Un pain au blé germé

Si vous faites une intolérance au gluten, si vous souffrez de problèmes digestifs, le pain essène est pour vous. Grâce aux diverses transformations chimiques ayant lieu dans le processus de la germination (voir chapitre suivant), la molécule de gluten subit une prédigestion liée à l'action des enzymes. Aussi, lorsque vous consommez du pain réalisé à partir de blé germé, vous le tolérez toujours très bien. Bien sûr, le goût et l'aspect n'ont plus rien à voir avec le pain traditionnel. Si vous aimez sa saveur particulière, je vous le conseille vivement pour le petit déjeuner : c'est une merveilleuse source de nutriments utiles pour bien commencer la journée.

fruit ou d'un légume : dès que vous le cueillez, il perd la vie. Il en va de même avec les animaux que nous consommons. Une fois que la vie s'arrête, le compte à rebours de la décomposition commence. Les graines germées, consommées crues (ce qui est vivement recommandé), sont une exception à ne manquer pour rien au monde !

Qu'est-ce qu'une graine germée exactement ? Il s'agit d'une graine sèche de céréale, de légume, de légumineuse ou encore d'oléagineux (tournesol, courge, amandes, noisettes...). Toutes ces graines conservent la vie en leur sein, même si vous ne vous en rendez pas compte, parce qu'elles sont en sommeil. Placées dans des conditions favorables, ces graines vont subir des transformations fabuleuses dignes d'un conte de fée ! Il était une fois des graines qui entrèrent en contact avec l'eau, la lumière, la chaleur. Tout leur potentiel vital se réveilla...

En effet, dès que les enzymes se réveillent (elles étaient jusqu'alors endormies par des inhibiteurs chargés de bloquer tout mouvement métabolique) le processus de vie contenu dans la graine se met en marche. Les grosses molécules (protéines, lipides, glucides) présentes vont y subir, grâce aux enzymes, une prédigestion les rendant facilement assimilables par notre organisme. Quant aux petites molécules - vitamines, minéraux et oligoéléments -, leur nombre va décupler de manière vertigineuse.

Régénérez-vous avec des aliments de qualité

Votre organisme trouvera dans les graines germées tout ce dont il a besoin pour être en bonne santé : les protéines, les glucides, les lipides, mais aussi les vitamines, les minéraux, les oligoéléments et les enzymes... tout cela y étant de qualité optimale !
La consommation quotidienne de ces graines, au minimum une cuillère à soupe à chaque repas, fera un excellent apport en éléments vivants, propice à régénérer vos cellules.

Je vous propose de découvrir une **classification des aliments** particulièrement intéressante, qui plaide en faveur de l'alimentation vivante. Elle a été élaborée dans les années 1920 par le docteur Edmond Bordeaux-Szekely, biologiste de renommée mondiale.
Cette classification compte 4 grands groupes d'aliments :

- **Les *aliments biogéniques*, qui engendrent la vie**. Ils englobent tous les aliments qui n'ont subi aucune manipulation. On y trouve les oléagineux ayant subi une prégermination, toutes les graines germées, les jeunes pousses, les jus d'herbes, les algues, les aliments vivants fermentés comme la choucroute crue biologique, et les aliments vivants déshydratés.

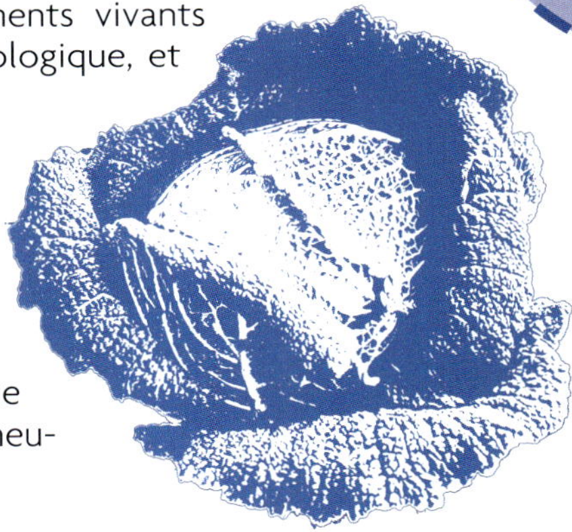

■ **Les *aliments bioactifs, qui entretiennent la vie*** mais ne peuvent la créer. Ils transmettent leur vie à l'homme par l'intermédiaire de leurs nutriments. Nous y trouvons les fruits et légumes frais et mûrs à point, biologiques et de saison, ainsi que les fruits séchés, les céréales et les légumineuses complètes.

■ **Les *aliments biostatiques,* qui ralentissent la vie**.
Ils ont perdu la plus grande partie de leurs qualités. Ici sont regroupés tous les aliments ayant subi de mauvaises cuissons, ainsi que les fruits et les légumes récoltés avant maturité ou cueillis trop longtemps avant leur consommation.

■ **Les *aliments biocidiques,* qui détruisent la vie**. Si nous voulons être en bonne santé, il est impératif de les éliminer de notre quotidien. Cette catégorie d'aliments est malheureusement celle qui est le plus à l'honneur dans nos assiettes. Ce sont tous les aliments contenant des produits chimiques (pesticides, engrais, conservateurs et additifs chimiques), les aliments raffinés et carencés en nutriments essentiels qui, la plupart du temps, s'accouplent avec les produits chimiques, ou encore les aliments ayant subi des transformations rendant inassimilables leurs composantes (conserves, lait longue conservation...).

Les enzymes, des molécules vitales

Chargées d'enzymes, les graines germées contribuent à notre santé et à notre vitalité. Mais à quoi nous servent, au juste, ces enzymes ? Présentes dans notre corps, elles jouent un rôle essentiel ! Les enzymes métaboliques permettent le fonctionnement harmonieux de tous nos systèmes par le biais de réactions chimiques. Tandis que le rôle des enzymes digestives consiste à dégrader nos aliments pour en faire des nutriments.
Notre potentiel vital est lié à notre potentiel enzymatique. Plus ce potentiel enzymatique est élevé en qualité et en quantité, plus nous sommes en bonne santé. Il est essentiel de comprendre qu'à l'inverse, plus nous sollicitons nos enzymes, plus nous abrégeons notre capital vital. C'est donc un bien très précieux qu'il faut gérer consciencieusement.

Des enzymes alimentaires dans notre nourriture

Les enzymes ne sont pas seulement présentes dans le corps humain. Chaque particule de vie sur terre en contient : du végétal à l'animal, aussi petit soit-il. C'est ainsi que l'on retrouve des enzymes dites « alimentaires » dans notre nourriture.
Sachez que ces molécules, fournies par certains aliments, sont importantes pour notre propre capital enzymatique. Nous le renforçons à chaque fois que nous consommons ces aliments contenant leurs propres enzymes.
Ceci, à condition de ne pas dégrader ces enzymes... Car la cuisson a tôt fait de les détruire : au-delà de 50°C maximum (120° F), plus aucun enzyme ne survit. Résultat, lorsque nous mangeons un mets cuit, nous entamons notre réserve enzymatique pour pouvoir dégrader les aliments. Il est donc important de consommer régulièrement des aliments crus, parmi lesquels des fruits, des légumes, et bien entendu des graines germées.

Troquez les compléments alimentaires contre des graines germées !

Dans nos sociétés modernes, nous souffrons bien souvent de **carences** :
- **en vitamines**, car les fruits et les légumes poussant sur des sols chimiques ne donnent plus à la plante les substances nécessaires à sa croissance harmonieuse.
- **en minéraux**, car les céréales raffinées ne jouent plus pleinement leur rôle d'équilibre dans toutes nos fonctions vitales.

Bref, l'alimentation moderne est tellement appauvrie qu'il devient presque inévitable de compléter notre portion alimentaire quotidienne par des gélules et autres petites pastilles. Mais il faut savoir que ces compléments, surtout s'ils sont synthétiques, fragilisent énormément notre foie. Cet organe ne reconnaît en effet que les micronutriments qui se trouvent dans les aliments. Les vitamines et les minéraux consommés en dehors de l'aliment qui les porte condamne le foie à un surplus de travail non prévu par les lois naturelles.
Il est vrai que les compléments alimentaires peuvent être d'une grande utilité pour rééquilibrer nos fonctions organiques lorsque celles-ci sont défaillantes. Alors soyez vigilants : choisissez des compléments naturels et n'en abusez pas. Il est préférable de faire des cures ponctuelles, selon l'avis d'un professionnel de la santé compétent... et d'intégrer régulièrement des graines germées à votre alimentation.

Des graines germées pleines de vertus

Les graines de céréales

- **L'avoine**. C'est la céréale énergétique par excellence. Sa consommation est donc conseillée durant la saison froide. Après germination, sa teneur en vitamines du groupe B est multipliée par 6 à 10.

- **Le blé et l'épeautre**. Je les regroupe car leurs richesses sont à peu près identiques. Tous deux sont de composition très équilibrée. A lui seul, le blé peut couvrir 85 % des besoins de l'homme, alors je vous laisse imaginer le potentiel de vie qu'il renferme lorsqu'il est germé ! Notons qu'au bout de 2 jours de germination, son taux de protéines a plus que doublé, de même que les minéraux comme le calcium et le magnésium. Quant à la vitamine C, elle est multipliée par 6 ! Attention de ne pas confondre le blé germé avec le germe de blé prêt à l'emploi, qui a subi des manipulations dévitalisantes.

- **L'orge**. C'est une céréale rafraîchissante, que l'on utilisera de préférence à la saison chaude. Germée, elle nous donne un délicieux malt qui est utilisé pour la réalisation de desserts.

- **Le millet**. C'est une céréale très complète qui convient bien aux personnes anémiées. Elle est riche en magnésium, fer, phosphore et manganèse. Ses caractéristiques lui confèrent des propriétés anticancer.

- **Le quinoa**. Appelé aussi le « riz des Incas », le quinoa est une céréale très équilibrée. Elle nous apporte une bonne proportion de protéines végétales, des sucres lents mais aussi les vitamines E, C, B1 et B6.

■ **Le sarrasin**. C'est la céréale la plus riche en magnésium. Si vous êtes carencé, faites une petite cure de sarrasin germé où les quantités en magnésium explosent.

■ **Le seigle**. C'est une céréale moins consommée. Néanmoins, ses qualités se rapprochent de celles du blé. Elle a pour particularité de réguler la fluidité du sang.

Les graines de légumineuses (ou de « légumes secs »)

■ **Les lentilles**. Ce sont des aliments très digestes, riches en calcium, en vitamines des groupes B et C. Leur germination, comme pour toutes les graines, fait exploser ses composantes. N'hésitez pas à en ajouter dans vos salades en début de repas.

■ **Les pois chiches**. Tout le monde connaît le pois chiche comme légumineuse dans le couscous. Germé, il est beaucoup plus digeste grâce aux enzymes alimentaires qui dégradent ses molécules.

■ **Le soja**. Les graines de soja sont particulièrement indigestes lorsqu'elles n'ont pas subi de transformations. C'est la raison pour laquelle on utilise le soja sous forme de préparations comme le tofu, le tamari, mais aussi en faisant germer ses graines. Cette graine germée est très riche en protéines, glucides et lipides, tous des nutriments d'excellente qualité. La graine de soja germée renferme aussi un taux élevé de chlorophylle qui participe à la régénération des cellules malades.

Les 6 atouts des graines germées

Génératrices de santé et de bien-être, les graines germées cumulent six grands atouts :

1. La teneur en vitamines et en minéraux y est très concentrée : calcium, magnésium, potassium, zinc, fer... autant de minéraux indispensables et bien présents dans la plupart des graines germées. Les vitamines du groupe B y sont également très bien représentées ainsi que la vitamine C.

2. La chlorophylle des graines germées joue un rôle essentiel pour protéger de l'oxydation, génératrice de vieillissement prématuré. Cette chlorophylle est favorable à notre cœur et nettoie notre système vasculaire, notre foie, nos poumons, nos reins.

3. Grâce à l'action des enzymes contenues dans les graines germées, les grosses molécules (protéines, lipides et sucres) subissent une prédigestion les rendant très assimilables. Résultat, pas de problème de digestion avec les graines germées ! Lorsque l'on prend l'habitude de consommer des graines germées en début de repas avec ses crudités, on sent rapidement une amélioration de la digestion et un véritable bien-être.

4. Les céréales et les légumineuses contiennent normalement des substances qui perturbent la digestion : on les nomme « inhibiteurs ». Pour être digérées, les protéines ont notamment besoin d'une enzyme, la trypsine, dont le travail est entravé par ces substances inhibitrices, ce qui rend la digestion plus difficile. Or dans les graines germées, ces inhibiteurs sont en grande partie désactivés.

5. Rien de plus facile que de faire germer des graines. Quelques minutes chaque jour suffisent, il suffit d'y penser. Si vous avez des enfants, confiez-leur cette petite mission, je suis sûre qu'ils s'y tiendront avec beaucoup de plaisir. De plus, cela leur donnera l'envie d'y goûter !

6. Il existe une variété infinie de graines à germer. Alors variez les plaisirs, les couleurs et les saveurs. Vous bénéficierez ainsi des apports nutritionnels complémentaires des différentes graines germées.

■ **L'alfalfa ou luzerne**. C'est l'une des plantes les plus utilisées pour la germination. Son goût très doux allié à une fine texture réjouissent toutes les papilles. Ses qualités nutritionnelles sont éloquentes : protéines en quantité, calcium, potassium, magnésium, fer, vitamines A, B1, B2, B6, C, D, E... N'hésitez pas à en consommer régulièrement.

■ **Le fénugrec**. J'ai découvert cette plante récemment : quelle surprise, en 2 jours, les germes sont bons à consommer ! En effet, elle pousse très vite. Mais c'est au bout de 3 à 4 jours de germination que ses micronutriments (vitamines et minéraux) atteignent leur maturité. Le fénugrec contient un taux important de protéines, du fer, du phosphore, du soufre et de la vitamine A. Sa composition étant concentrée en sels minéraux acidifiants, il convient d'en consommer plus modérément que l'alfalfa (par exemple en cure d'une semaine par mois).

Les graines oléagineuses

Germées, elles sont beaucoup plus digestes et nous donnent le meilleur d'elles-mêmes.

■ **Le sésame**. Cette graine est de plus en plus appréciée en Occident. Sa teneur en calcium est exceptionnelle, sans oublier ses apports en protéines et en graisses insaturées. Germée, cette graine n'en est que plus nutritive.

■ **Le tournesol**. C'est une graine « magique » qui contient presque tous les nutriments dont nous avons besoin au quotidien. De temps en temps, faites tremper, pour une nuit, une poignée de graines de tournesol achetées en magasin bio. Le matin, agrémentez votre petit déjeuner de ces graines prégermées, c'est un régal à tous points de vue. Les repas de fête mettent votre foie en difficulté ? Qu'à cela ne tienne, mettez votre organisme au repos durant toute une journée et consommez des graines de tournesol trempées quelques heures auparavant dans de l'eau de source.

■ **Amandes, noisettes, noix** et autres variétés de fruits oléagineux. Ils sont d'une grande valeur nutritionnelle et très digestes si vous les faites tremper durant toute une nuit avant de les consommer. Pour l'amande, cela vous permettra de la peler facilement. Vous retrouverez la fraîcheur des fruits récemment cueillis.

Toute la variété des légumes

■ **La betterave**. Légume énergétique et nutritif, la betterave est conseillée aux personnes anémiées et nerveuses. Elle est très utile durant les épidémies de grippe. Elle est très riche en minéraux : calcium, fer, cuivre, iode, manganèse...

■ **Le brocoli**. De la famille des choux, le brocoli, comme tous ses frères, est une mine de bienfaits, notamment réputé protecteur contre le cancer. C'est une excellente source de vitamine C, A, mais aussi de potassium, de fer, et de zinc.

■ **La carotte**. C'est sans doute le légume le plus consommé. Pas étonnant, car la carotte cumule un nombre impressionnant de qualités. Sous forme de graines germées, celles-ci sont décuplées : elle permet le renouvellement et le rajeunissement de nos cellules, et elle stimule les fonctions de notre foie, pour ne citer que ces atouts.

▪ **Le céleri**. Encore un légume aux multiples bienfaits. Sa teneur en vitamines et minéraux en fait un aliment conseillé pour améliorer les digestions difficiles. C'est un excellent draineur du foie et des poumons. Pensez à faire une petite cure de graines germées de céleri durant la saison froide.

▪ **Le fenouil**. Ce légume vient au secours de la toux, des flatulences, des spasmes intestinaux, des règles douloureuses, des rhumatismes et des vertiges. Un beau cocktail !

▪ **Le navet**. Il est très revitalisant, alors n'hésitez pas à en faire une petite cure en hiver. Il vous aidera à lutter contre la toux, les angines, les bronchites.

▪ **Le poireau**. Légume aux nombreuses propriétés, riche en vitamines et en minéraux. Vous pourrez consommer ses graines germées tout au long de l'année.

▪ **Le radis**. C'est un légume intéressant pour la sphère hépatique et les voies respiratoires. Quelques petites cures de graines germées de ce légume vous feront le plus grand bien.

Le point de vue du médecin

Cinq questions à Marik Cassard, docteur en médecine, homéopathe, phytothérapeute, spécialiste en micronutrition et alimentation vivante.

Quel sont les principaux intérêts nutritionnels des graines germées ?

Les graines germées apportent un ensemble de vitamines, minéraux, enzymes, protéines et acides gras de haute valeur biologique, très facilement assimilables avec très peu de travail digestif.
Déclenchée par le contact de la graine avec l'eau, la germination entraîne une augmentation considérable des nutriments préexistant dans la graine non germée : elle multiplie environ par huit son potentiel. Ainsi, 100 g de soja vert contiennent 100 mg de vitamine C au bout de 24 h de germination, et 700 mg au bout de 72 h. La teneur en vitamine B12 des lentilles passe de 0,43 mg par kg à 2,37 mg par kg après 4 jours de germination. Dans la graine d'avoine en germination, la production de calcium augmente de 300 % ! La vitamine B2 (riboflavine) augmente de 1300 %, la vitamine B6 (pyridoxine) de 500 % et l'acide folique de 600 % !

Assimilons-nous plus facilement les vitamines, minéraux et oligoéléments des graines germées que ceux d'autres aliments?

En effet, leur assimilation est considérablement améliorée grâce à la présence des enzymes qui agissent comme catalyseurs. Les enzymes transforment les aliments (l'amidon en sucres simples, les protéines en acides aminés, les graisses en acides gras) en particules assez réduites pour passer dans le sang à travers les villosités de la paroi intestinale, facilitant ainsi leur assimilation.

Les graines germées jouent-elles un rôle favorable sur l'équilibre acido-basique de notre organisme ?

L'alimentation vivante (c'est à dire crue, à base de légumes, fruits, graines germées) est essentiellement alcaline (« basique »). Elle inverse le processus d'acidification de l'organisme généré par nos modes de vie (stress) et d'alimentation (excès de graisses saturées et protéines animales, aliments raffinés, pesticides, excitants, etc.) à l'origine de perturbation dans l'équilibre minéral. Or ces perturbations sont autant de facteurs de risque impliqués dans le déclenchement de différentes pathologies : maladies cardio-vasculaire dont hypertensions, ostéoporose, lithiase urinaire, diabète de type deux...

Les graines germées, aliments vivants et pleins d'oxygène, contribuent à l'élimination de ces acides qui entravent les transformations métaboliques. Elles contiennent des quantités importantes d'enzymes, de vitamines, de minéraux dont du calcium (reminéralisant) et du potassium (élément hypotenseur) sous forme de citrates, malates et bicarbonates (alcalinisants).

L'alimentation vivante à bases de graines germées constitue donc un moyen simple et efficace de rétablir l'équilibre des acides et des bases pour permettre au courant vital de passer dans les liquides du corps

En quelle quantité est-il conseillé de consommer des graines germées ? Existe-il des contre-indications pour les personnes aux intestins sensibles ?

Il est préférable d'introduire les graines germées progressivement, par paliers, afin d'éviter des crises d'élimination : un phénomène de détoxication du corps pouvant déclencher des symptômes de nettoyage désagréable. Il n'y a pas de quantité spécifique, chacun étant différent dans ses besoins et son style de vie. Evitez aussi, au début, d'en consommer de grandes quantités le soir car la richesse en vitamine C peut entraîner de l'insomnie. →

→

Tout le monde peut consommer des graines germées car, compte tenu de leur richesse en enzymes, le corps n'a pas besoin de mobiliser ses propres enzymes, souvent en quantité insuffisante. Elles sont de plus riches en fibres végétales, qui permettent le bon fonctionnement des intestins et évitent les troubles digestifs (constipation, gaz, douleurs...). Les fibres végétales facilitent aussi l'absorption des minéraux.

Quelles sont vos graines germées préférées ?

Le tournesol « qui suit le soleil » est la plus simple à faire germer : un trempage de 4 heures et une germination pendant 30 minutes à 2 jours. Il est très riche en vitamine C et E antioxydantes, en protéines et acides gras polyinsaturés. Et il est facile à transporter en voyage !

J'aime aussi beaucoup l'alfalfa ou luzerne (du provençal « luzerno » signifiant ver luisant à cause de l'éclat de ses fleurs). Elle est très dynamisante, riche en protéines, en vitamines (A, B1, B2, B3, C, D, E, K) et oligoéléments. Elle germe facilement, fait de très savoureuses salades, et on la considère comme la plus nutritive des graines germées. Saviez-vous que des graines d'alfalfa ont été retrouvées dans les tombes des pharaons ?

Les graines germées
mode d'emploi

La prégermination

Cette étape consiste à faire tremper durant toute une nuit vos petites graines. Selon les graines, cette prégermination demande plus ou moins de temps. Cependant, j'ai remarqué qu'une nuit de trempage pouvait s'adapter à tous types de graines, j'ai donc opté définitivement pour cette méthode simple.
Dans la pratique, et toujours dans un souci de facilité, placez vos graines dans un pot de confiture (vide bien sûr !) de façon à ce que les graines recouvrent d'une fine couche le fond du bocal. Puis versez de l'eau pure sur une hauteur de 3 à 5 centimètres. Les enzymes endormies vont se réveiller et le processus de la germination s'enclencher.
Il est important de faire cette opération le soir, car les graines ont besoin d'obscurité pour cette première étape.

Pourquoi faire prétremper les céréales et les légumineuses ?

Si vous faites cuire des céréales ou des légumineuses, l'idéal est de les faire prégermer avant la cuisson. En plus de raccourcir le temps de cuisson, la prégermination détruit une substance indésirable : l'acide phytique. Cet acide a tendance à chélater (faire prisonnier) les sels alcalins si importants pour le bon fonctionnement de notre organisme, et à les éliminer dans les urines.

Le rinçage des graines

A votre réveil, vous allez pouvoir vous occuper de vos graines. Le premier matin, il vous faudra tout d'abord recouvrir le pot d'un carré de gaze retenu par un élastique.
Ensuite, videz l'eau de trempage et faites trois rinçages consécutifs, sous l'eau froide du robinet : cette opération prend une dizaine de secondes.
Pour terminer, il vous suffit de renverser le bocal sur un support qui permettra à l'eau de s'écouler et à l'air de circuler : le plus simple consiste à utiliser le manche d'une cuillère en bois.
Attention, ne laissez pas vos graines en plein soleil : elles ont besoin de pénombre (mais pas d'obscurité).
Le soir, renouvelez cette opération de rinçage, dans les mêmes conditions que le matin. Il est indispensable de rincer les graines matin et soir pour leur permettre de se développer harmonieusement.

Le temps de germination

Chaque graine a une poussée qui lui est propre, et les temps de pousse diffèrent d'une graine à l'autre. J'ai cependant remarqué, grâce à mes ateliers de cuisine, que pour mettre en pratique une nouvelle façon de s'alimenter au quotidien, mieux vaut aller vers la simplicité. C'est pourquoi je préconise le même temps de germination, 4 jours environ pour toutes les graines, à quelques exceptions près. Pour les céréales, la germination est plus rapide : comptez 2 à 3 jours maximum. Vous verrez très nettement le petit germe blanc poindre ; ne laissez surtout pas monter votre graine en verdure, elle deviendrait indigeste. Dans la famille des légumineuses, le temps de la germination est variable, de 3 à 6 jours.

Pendant toute la période de germination, il est souhaitable de placer vos bocaux dans la partie la plus sombre de votre cuisine. Au bout de **4 jours** environ (pour la majorité des graines), placez-les dans un endroit plus éclairé pour permettre à la chlorophylle de faire son apparition. A ce stade, les graines germées se transforment en **jeunes pousses**. Vos graines ont alors atteint l'étape où le développement en vitamines et minéraux est à son apogée. Le moment est venu de les consommer. Rien n'est à jeter, tout se mange dans une graine germée, même l'enveloppe. Du fait de la germination, cette dernière est devenue très tendre et digeste.

La conservation des graines

Si vous poursuivez le rinçage au-delà de 5 jours, vous verrez apparaître de petites feuilles. C'est la chlorophylle qui fait son apparition, au détriment des micronutriments. Bien souvent, le pot devient trop petit, les graines ne peuvent plus se développer à leur aise, et les racines commencent à sortir au travers de la gaze. S'il vous reste des graines, il est bien sûr dommage de les jeter. Pour **arrêter la germination**, il suffit de placer le bocal au réfrigérateur et de ne plus les rincer. Vous pouvez encore les consommer pendant 2 à 3 jours maximum, car leur potentiel vital s'épuise très vite et leur goût change.

Le principe de rotation

Vous allez très vite devenir experts en matière de germination. Dès lors, une rotation des graines s'impose. Il vous suffit tout simplement de mettre en prégermination, le premier soir, une variété de graines. Le deuxième soir, vous prendrez un deuxième bocal et une deuxième variété de graines. Et ainsi de suite jusqu'à avoir, par exemple, 4 pots régulièrement en germination. Vous prendrez vite l'habitude de cette rotation pour le plus grand plaisir de votre palais et de votre bien-être.

N'oubliez jamais que **la diversité est un atout pour la santé**. Imaginons que vous soyez très friand de l'alfalfa (luzerne), qui fait partie des graines qui germent le mieux. Si votre consommation d'alfalfa devient quotidienne, cela revient à manger tous les jours des carottes, par exemple. Votre organisme va se lasser et faire un rejet pouvant aller jusqu'à l'allergie. Il est donc très important de veiller à la rotation de vos graines.

La nature met à notre disposition une gamme infinie de graines. Chacune d'elle vous apportera tous ses bienfaits. Laissez-vous guider par votre imagination et n'hésitez pas à composer des assiettes avec plusieurs variétés. Couleurs et saveurs réveilleront les papilles les plus endormies.

Une petite anecdote

A la suite d'un cours de cuisine, mes élèves et moi étions attablés pour la dégustation des mets préparés. Nous avons ri aux éclats lorsque l'une d'entre nous narra sa mésaventure. Elle avait mis à germer, lors des dernières grosses canicules de juillet, un paquet entier de graines de moutarde. Elle a consommé ces graines en un repas et a bien cru sa dernière heure venue. En effet, les graines germées contiennent tous les caractères de la plante ; aussi, je vous laisse imaginer la douleur qu'a enduré son tube digestif pour arriver à bout de cette « platée » !

Bien choisir ses graines

Je vous recommande, sans hésitation, de ne faire germer que des graines d'origine biologique. La germination joue un vrai « rôle santé » dans votre alimentation. Si vous utilisez des graines polluées par la chimie, je doute que cette démarche vous apporte satisfaction.
Les rayons des magasins de produits biologiques offrent une grande diversité de graines à germer. Vous apprendrez à les faire tourner en privilégiant celles qui vous procurent le plus de plaisir au palais, tout en tenant compte de leurs valeurs nutritionnelles.

Avoine, épeautre, quinoa, riz, blé.... Toutes les céréales peuvent se faire germer. Attention, il est possible que certaines céréales aient du mal à germer, en particulier lorsque le germe de la graine a été endommagé lors de l'opération de décorticage. Vous ne rencontrerez pas ce problème avec les graines spéciales germination.
Parmi les céréales, je vous conseille essentiellement le blé et l'épeautre dont les qualités nutritionnelles sont très intéressantes. Dans la famille des légumineuses, je vous recommande de faire germer les lentilles, le soja et les pois chiches. Côté légumes, essayez toute la gamme, vous serez surpris de reconnaître dans le germe le goût du légume !

Les explications d'un professionnel

Leader des graines germées fraîches en France, Germ'line fait figure de spécialiste de l'alimentation vivante avec deux domaines de prédilection : les lactofermentations et les germinations. Deux procédés qui permettent d'amplifier naturellement les teneurs en principes actifs des plantes.

Quatre questions à Philippe Bourgois, dirigeant de Germ'line.

Comment produisez-vous les graines germées fraîches biologiques ?

Toutes nos graines proviennent de l'agriculture biologique : elles ont fait l'objet d'une culture et d'une récolte exemptes de toute utilisation d'insecticide, pesticide, ou fongicide. Ces graines nécessitent ensuite de la chaleur et de l'humidité pour germer. La chaleur est produite par un système de climatisation des salles où les cultures se font hors sol, sans substrat ni aucun support. Quant à

l'eau, matière première essentielle, il s'agit d'une eau de forage de très belle qualité, qui est soigneusement filtrée puis débactérisée par un traitement physique (ultra-violets). Elle est absolument pure, exempte de toute particule étrangère et matière chimique, et régulièrement analysée.
Une fois récoltées, les graines germées sont lavées à l'eau pure, essorées, puis conditionnées en barquettes. A aucun moment nous n'avons recours à des ajouts chimiques, pas même aux produits autorisés en bio (acide citrique bio ou vinaigre bio). Les graines germées fraîches prêtes à l'emploi peuvent être consommées telles quelles au sortir de leurs barquettes.

Vous proposez également des graines « à germer ». Sont-elles différentes des graines classiques ? Ne pourrait-on pas faire germer des semences potagères ?

Si vous faites germer des graines de lentille classiques, vous aurez un fort taux d'échec. Car les graines font généralement l'objet d'un nettoyage par abrasion qui peut les blesser et gêner le pouvoir germinatif. De plus, nous ne travaillons ici qu'avec des graines de « qualité semence », c'est-à-dire dont les garanties germinatives sont très élevées. Nous testons leurs pouvoirs germinatifs en laboratoire et sélectionnons soigneusement les lots. Les graines font ensuite l'objet d'une sélection rigoureuse, puis d'un calibrage et d'un nettoyage extrêmement méticuleux, avec des techniques douces préservant leur intégrité et leurs qualités germinatives.
Pour les semences potagères, prudence ! Ne les utilisez surtout pas comme graines à germer, cela peut être extrêmement toxique : la plupart sont protégées par un enrobage concentré en résidus chimiques. De plus, elles coûtent beaucoup plus cher que nos graines à germer.

Les graines germées sont des aliments à la fois économiques et très nutritifs. En quoi sont-elles de véritables emblèmes de

l'alimentation vivante ?

Lorsque vous mangez une graine germée, vous mangez en réalité un embryon végétal vivant. Au contact de l'eau et de la chaleur, la graine, qui était jusque-là en dormance, s'éveille. En quelques jours seulement, elle va fabriquer toutes les réserves en nutriments dont le végétal aura besoin plus tard pour sa croissance : vitamines, minéraux, acides aminés, enzymes, coenzymes... On observe dans certaines familles de vitamines, des teneurs multipliées par 8 à 10 fois en quelques jours ! Consommée au stade du germe, cette énergie est extrêmement concentrée, beaucoup plus que lorsque vous mangez un végétal mature, dans lequel elle est diffusée. Faire germer des graines équivaut donc à tenir une « mini usine » à micronutriments, avec l'un des meilleurs rapports « qualité nutritionnelle – prix » que l'on puisse imaginer.

De plus, la germination à domicile est à la fois ludique, simple, 100 % naturelle... et spectaculaire, puisqu'en quelques jours, on obtient des rendements extraordinaires.

Vous développez les graines germées sous de nouvelles présentations. Lesquelles ?

En matière de graines germées fraîches, les barquettes panachées plaisent beaucoup (par exemple alfalfa, radis et fenouil) car elles allient des couleurs et des saveurs différentes. Nous regroupons désormais des graines germées fraîches autour de fonctions particulières : il existe déjà un mélange riche en protéines (lentilles, pois chiches et fenugrec), et bientôt sortira un mélange dépuratif.

Par ailleurs, nous proposons des barres de céréales germées, séchées à basse température (28° C maxi.). Nous restons ainsi dans le domaine de l'« alimentation vivante » : la grande majorité des vitamines et 80 % des enzymes sont conservées. Nous développons actuellement d'autres produits dérivés de graines germées sous forme sèche, moins contraignants en terme de conservation pour les consommateurs.

Recettes gourmandes

Le pain essène en version salée

Ce pain cru est encore méconnu de la plupart d'entre nous. Je vous propose de découvrir une saveur salée et une saveur sucrée, pour varier au gré des humeurs.

Pour 3 petits pains
Germination : 2 à 3 jours selon la température de la pièce
Préparation : 5 minutes

150 g de graines crues de blé à germer
1 cuillère à soupe rase de gomasio
3 cuillères à soupe de graines de tournesol sèches

1. Mettez les graines de blé à tremper durant toute une nuit dans un bocal et recouvrez largement d'eau pure.
2. Le lendemain matin, après avoir placé la petite gaze, videz l'eau de trempage et rincez trois fois sous le robinet. Placez votre bocal dans un endroit sombre de la cuisine et laissez ainsi jusqu'au soir où vous recommencerez l'opération de rinçage. Attention, de bien laisser circuler l'air lorsque vous posez le bocal. Reprenez le lendemain, les deux opérations de rinçage. Le matin du troisième jour, vos graines sont prêtes à être utilisées : on voit nettement le germe blanc, qui doit avoir quelques petits millimètres.
3. Versez toutes les graines de blé dans le bol de votre robot et mixez environ 3 minutes : vous devez obtenir une bouillie grossière. Ajoutez alors le gomasio et les graines de tournesol et mixez à nouveau une dizaine de secondes, le temps que vos nouveaux ingrédients soient bien répartis.

4. Côté façonnage, vous pouvez donner une forme de pain à votre pâte. Divisez la pâte en 2 ou 3 parts égales et roulez-les sur une planche à pâtisserie, sans y mettre de farine. Il faut rester dans l'optique d'une préparation crue et vivante. Pour les faire sécher, en été l'idéal est de les placer en plein soleil et de les retourner toutes les 2 heures environ. Au bout d'une journée complète, votre pain est prêt. En hiver, vous pouvez les placer dans le four, porte ouverte, au thermostat le plus bas et les laisser à l'air sur le dessus d'un radiateur par exemple. Dans tous les cas, il faut compter une bonne journée. Vos pains se conserveront une semaine dans le frigo.
5. Vous pouvez également façonner votre pâte en galettes : posez votre pâte sur une planche à découper recouverte d'un papier sulfurisé. Recouvrez la pâte d'un rectangle de papier sulfurisé du même diamètre que celui du dessous. A l'aide du rouleau à pâtisserie, étalez la pâte sur une épaisseur d'un demi centimètre. Coupez des galettes en forme de carrés, de rectangles ou de losanges et faites-les dessécher de la même manière que précédemment. Ces galettes se conservent bien en dehors du frigo car elles auront eu le temps de sécher à cœur. Evitez cependant de les garder au-delà d'une semaine (il ne faut pas oublier que ce sont des préparations crues).

Le pain essène en version sucrée

Germination : 2 à 3 jours selon la température de la pièce
Préparation : 5 minutes

150 g de graines crues de blé à germer
Une douzaine de noix du Brésil
Une poignée de raisins secs
Une demi cuillère à café de cannelle

1. Faites germer les graines de blé comme dans la recette précédente.
2. Passez-les dans le bol du robot et lorsque votre préparation est bien homogène, ajoutez les noix du Brésil, les raisins et la cannelle. Broyez pendant 1 à 2 minutes de façon à laisser des morceaux.
3. Procédez ensuite comme pour le pain salé, en façonnant 2 à 3 pains ou des biscuits. Le temps de séchage est identique.
4. Ces petits pains ou biscuits sont délicieux au goûter ou au petit déjeuner, tartinés de purée d'amandes blanches et de compotes de fruits de saison.

Petit déjeuner tonique

Ce petit déjeuner frais et léger vous procurera tous les nutriments dont votre corps a besoin pour tenir jusqu'au repas suivant sans envie de grignotage.

Pour une personne
Germination : 1 nuit
Préparation : 5 minutes

2 cuillères à soupe de graines de tournesol trempées pendant une nuit dans de l'eau pure
1 banane
1/2 carotte
1/2 pomme
Le jus d'un demi citron
1 filet de sirop d'érable
1 cuillère à soupe de raisins secs

1. Ecrasez la banane.
2. Râpez grossièrement carotte et pomme.
3. Jetez l'eau de trempage des graines de tournesol.
4. Mélangez aussitôt tous les ingrédients.

Petites tomates et leurs aigrettes

Une recette rafraîchissante et facile à réaliser, à servir en entrée ou en plat unique. Ces petites tomates deviendront vite un classique de vos tables estivales.

Pour 4 personnes
Préparation : 15 minutes

1 petite poignée de graines germées d'alfalfa
16 petites tomates rondes ou oblongues
1 bûchette de fromage de chèvre frais
2 cuillères à soupe de ciboulette ciselée
1/2 cuillère à café de moutarde à l'ancienne
1 filet de crème liquide de soja ou d'avoine (à défaut crème fraiche)

1. Enlevez le chapeau de chaque tomate et évidez-les.
2. Mixez intimement le fromage, la crème, la moutarde, le sel et le poivre.
3. Ajoutez la ciboulette hachée.
4. Farcissez chaque tomate et posez sur chacune d'elles une touffe de graines germées.
5. Servez sur une base de verdure, mesclun par exemple, avec des tranches de pain toastées et aillées.

Guacamole aérien

C'est une variante du guacamole classique. Il est plus frais et se digère mieux.

Pour 4 personnes
Préparation : 5 minutes

4 cuillères à soupe de graines germées d'alfalfa
2 avocats
1 yaourt de brebis ou de soja nature
Le jus d'un demi citron
1 cuillère à soupe d'huile d'olive
1/2 cuillère à café de moutarde à l'ancienne
Sel et un soupçon de poivre

1. Mettez tous les ingrédients dans le bol de votre robot.
2. Mixez de façon à obtenir une belle mousse. Gouttez l'assaisonnement avant de servir.
3. Présentez ce guacamole à l'apéritif avec des tacos, ou bien en entrée, sur une belle salade de crudités.

Salade époustouflante

Cette recette est vraiment « magique » pour votre organisme. Elle vous nourrira merveilleusement tout en vous laissant l'impression d'être léger comme un petit nuage...

Pour 4 personnes
Préparation : 10 minutes

1 tasse de graines germées de tournesol de 4 jours
1 tasse de graines germées d'alfalfa
1 tasse de graines germées de radis
1 tasse de graines germées de lentilles
4 cuillères à soupe de graines de tournesol trempées toute une nuit
4 poignées de mâche
1 petit bulbe de céleri
1 betterave crue
1 belle pomme avec la peau

Pour la vinaigrette :
Le jus d'un beau citron
1/2 cuillère à café de moutarde à l'ancienne
Sel
4 cuillères à soupe d'huile d'olive
1 verre de crème de soja liquide
1/2 cuillère à café de curcuma

1. Préparez la vinaigrette : délayez le jus de citron avec le sel, le curcuma et la moutarde. Ajoutez ensuite la crème de soja et terminez par l'huile que vous ajouterez doucement comme pour monter une mayonnaise.
2. Préparez 4 jolies assiettes. Râpez le céleri et disposez-le en filaments par-dessus la salade. Faites de même pour la betterave (inutile de la peler si elle est bio). Parsemez ensuite avec les cubes de pomme.
3. Présentez joliment vos 4 variétés de graines germées autour de l'assiette et terminez la présentation en éparpillant les graines de tournesol.

Salade colorée pour hivers froids

Les salades doivent être présentes à chaque repas. Ce sont elles qui vous permettent de bien digérer votre repas. Avez-vous déjà essayé de remplacer la classique salade verte par des feuilles d'épinard cru ?

Pour 4 personnes
Préparation : 15 minutes

1 bol de graines germées de tournesol de 4 jours
1 saladier de feuilles d'épinards crus (bien fraiches et tendres)
100 g de dés de féta
60 g de morceaux de tomates confites coupées en petits morceaux
60 g de lamelles d'olives noires
1 belle vinaigrette à l'échalote

1. Préparez la vinaigrette.
2. Placez les feuilles d'épinards sur la vinaigrette.
3. Répartissez les graines germées, les dés de féta, les morceaux de tomates, les olives sur les épinards. Remuez au moment de déguster.

Sandwich « 3 B » (beau, bon et bio)

Cette préparation peut faire l'objet d'un repas complet. Elle vous nourrira allègrement sans petite fringale deux heures après...

Pour un gros sandwich
Préparation : 15 minutes

2 larges tranches de pain complet ou demi-complet biologique
3 cuillères à soupe d'un mélange de graines germées
1 morceau de chou rouge
1/2 carotte
1/2 courgette
1 petite boite de thon au naturel
Pour la vinaigrette
1 cuillère à café de vinaigre de cidre
1 cuillère à soupe de tamari ou de shoyu
1 pointe de moutarde à l'ancienne
2 cuillères à soupe d'huile (au choix)
1 échalote hachée menu
1 cuillère à café de tahin (purée de sésame blanc)
1 cuillère à soupe d'herbes fraiches hachées au choix

1. Préparez la vinaigrette : mélangez le vinaigre, le tamari et la pointe de moutarde à l'ancienne, puis le tahin et terminez par l'huile en filet. Ajoutez en dernier l'herbe et l'échalote.
2. Râpez carotte et courgette et coupez finement le chou rouge.
3. Mélangez les légumes, les graines germées et le thon à votre vinaigrette.
4. Farcissez vos tranches de pain avec cette divine préparation et dégustez sans vous tacher !

Mousse colorée pour tartinade entre amis

Cette recette est idéale pour un apéritif entre amis ou en famille. Elle est goûteuse, demande peu de temps... et avec trois fois rien, vous obtenez un beau bol de mousse. Attention, cette préparation, entièrement crue, ne se conserve pas. Vous devez donc terminer le plat !

Pour un gros bol de mousse
Préparation : 8 minutes

1/2 bol de graines germées de trèfle rouge (ou à défaut de luzerne)
2 carottes
1 avocat (si vous n'en avez pas, c'est également très bon sans)
1 belle échalote ou à défaut 1 oignon
2 cuillères à soupe d'herbes aromatiques au choix (persil, basilic, coriandre, ciboulette)
2 cuillères à soupe de jus de citron
2 cuillères à soupe de tamari
2 cuillères à soupe de tahin (purée de sésame blanc)
2 cuillères à soupe d'huile au choix
2 cuillères à soupe d'eau

1. Coupez les carottes en grosses rondelles et mixez-les finement avec l'échalote dans le bol du robot avec le couteau (si vos carottes sont bio, surtout ne pas les peler).
2. Ajoutez tous les autres ingrédients, à l'exception de l'eau. Mixez finement.
3. En fonction de la consistance désirée, ajoutez un peu d'eau de source.
4. Vérifiez l'assaisonnement et ajoutez si nécessaire un peu de tamari.
5. Servez avec des bâtonnets de légumes crus, des morceaux de bon pain, des tacos, des galettes de riz...

Bouillon de fin de journée

Cette boisson me ravit en hiver lorsque j'ai besoin d'être revigorée. Elle est pleine de saveurs et son goût se fera changeant en fonction de la graine germée choisie. J'aime bien la boire en fin d'après-midi, une bonne heure avant le repas du soir afin de ne pas inonder l'estomac de liquide pendant la digestion.

Pour une personne
Préparation : 2 minutes
Cuisson : 1 minute

1 cuillère à soupe de graines germées au choix (alfalfa, brocoli, ail...)
1 cuillère à soupe de tamari ou de shoyu
1 petite gousse d'ail
1 noix de gingembre fraîche
1 bol d'eau chaude

1. Dans un bol, mettez le tamari, l'ail et le gingembre râpé.
2. Versez l'eau chaude et déposez sur votre préparation une touffe de graines germées. Régalez-vous mais abstenez-vous de tout rendez-vous galant après cela !

Info santé

Le tamari et le shoyu sont deux préparations à base, pour l'une de graines de soja fermenté et pour l'autre de soja et de blé. Lorsqu'elles sont de qualité, achetées en bio, ces préparations équilibrent votre flore intestinale bien souvent appauvrie en bonnes bactéries.

Velouté verdurette

Excellent en toutes saisons, il plaira à toute la famille. Les graines germées apporteront le complément de vitamines, de minéraux, mais aussi de protéines à votre repas.

Pour 4 personnes
Préparation : 10 minutes
Cuisson : 20 minutes

4 cuillères à soupe de graines de lentilles vertes germées de 5 jours
2 belles courgettes bien fermes
4 petites pommes de terre
1 bouillon cube de légumes
1 cuillère à café rase de curcuma
3/4 de litre d'eau pure
1/2 verre de crème de soja ou de crème d'avoine

1. Portez l'eau à ébullition avec le bouillon cube.
2. Pendant ce temps, préparez les légumes : s'ils sont bios, ne les pelez pas. Il suffit de les brosser sous l'eau. Coupez-les en gros morceaux.
3. Jetez les légumes dans l'eau bouillante et placez un couvercle en laissant passer un peu de vapeur. Baissez la source de chaleur et laissez cuire pendant 20 minutes.
4. Mixez afin d'obtenir une préparation bien lisse et onctueuse.
5. Servez ce velouté dans de jolis bols. Faites couler de la crème de soja sur le dessus en arabesques et terminer par une cuillère à soupe de graines germées de lentilles vertes.

La soupe de *Cuisine Vitalité*

Vous êtes lassés de la classique soupe poireaux – carottes - pommes de terre ? Essayez l'association céréales – légumineuses - légumes pour un plat de qualité nutritionnelle très équilibré. A partir de cet exemple, vous inventerez des soupes aussi originales les unes que les autres. Cependant, n'oubliez pas qu'une soupe se prépare pour le jour même et que le lendemain, elle devient indigeste : les légumes cuits ne doivent pas se réchauffer.

Pour 4 personnes
Préparation : 15 minutes
Cuisson : 25 minutes

4 cuillères à soupe de graines de fenugrec germées de 3 jours
1 litre d'eau pure
2 bouillons cubes
2 belles blettes (côtes et feuilles)
2 carottes
1 tasse de quinoa crue
1 tasse de lentilles corail crues
1 hachis d'ail et de persil (facultatif)

1. Faites chauffer l'eau dans une casserole avec les bouillons cubes, les graines de quinoa et de lentilles corail.
2. Pendant ce temps, débitez les carottes en petits dés, les côtes de blettes en fins tronçons (inutile d'enlever les fils) et les feuilles en grosse chiffonnade.
3. Dès que vos légumes sont prêts, ajoutez-les dans le bouillon et à reprise de l'ébullition, comptez 25 petites minutes de cuisson, à feu doux, avec un couvercle laissant légèrement passer la vapeur. Il doit rester du bouillon, mais relativement peu, votre soupe doit être assez épaisse pour être bien digérée.

4. Versez dans des bols ou des assiettes à soupe et décorez le dessus avec les graines germées. Chacun choisira de rajouter de la persillade.

Lentilles tièdes et petit chabichou au parfum de curry

Pour une petite entrée toute simple mais très goûteuse, un mélange de graines germées de lentilles et de lentilles cuites. A essayer absolument.

Pour 4 personnes
Préparation : 10 minutes
Cuisson : 35 à 40 minutes pour les lentilles

120 g de lentilles crues
1 algue kombu
1 bol de graines germées de lentilles
1 échalote
1 cuillère à soupe de vinaigre de cidre
1cuillère à soupe de tamari
4 cuillères à soupe d'huile d'olive
1/2 cuillère à café de curry
4 chabichoux
4 tartines de pain
1 saladier de mesclun

1. Rincez les lentilles et versez-les dans une cocotte à fond épais. Recouvrez-les de 2 volumes 1/2 d'eau et portez à ébullition en ajoutant le morceau d'algue.
2. Baissez la source de chaleur et mettez un couvercle bien étanche. Laissez cuire ainsi pendant environ 35 minutes. Vérifiez la cuisson en goûtant. Laissez-les tiédir.

3. Préparez la vinaigrette au parfum de curry.
4. Placez les chabichoux sur 4 tartines de bon pain et mettez-les au four environ 10 minutes.
5. Disposez agréablement à l'œil les feuilles de salades dans des assiettes individuelles.
6. Mélangez les lentilles tièdes et les graines germées de lentilles à la vinaigrette et placez la salade de lentilles mêlées sur le mesclun.
7. Déposez au centre le chabichou tout chaud et laissez tomber un nuage de curry sur le dessus du fromage.

Astuce

Les algues ont la propriété (entre autres qualités) d'attirer à elles les toxines contenues dans les aliments. Les légumineuses, riches en protéines, contiennent des purines qui vont occasionner de la fatigue digestive. Utilisée dans la cuisson de toutes les légumineuses, l'algue kombu va « capter » ces purines et les drainer hors du corps grâce à ses fibres. Pensez à jeter le morceau d'algue.

Sauce parfumée pour pâtes ou céréales

Cette sauce est savoureuse et très digeste. Elle évite les produits laitiers qui, associés aux céréales, font des plats très indigestes. Avec cette recette, vous vous régalerez encore plus et en sortant de table, vous serez en pleine forme.

Pour 6 personnes
Préparation : 6 minutes

Un verre de graines germées de fenouil (ou autre selon vos goûts)
3 tomates
1 avocat
1 carotte
1 échalote
1 gousse d'ail
30 g de tomates séchées ou confites
10 amandes avec leur peau
1 cuillère à café de vinaigre de cidre
1 cuillère à soupe de tamari ou du sel
3 cuillères à soupe d'huile d'olive
3 tours de moulin de poivre

1. Faites tremper les amandes la veille au soir. Le lendemain, vous pourrez les peler très facilement.
2. Mixez intimement tous les ingrédients.
3. Vérifiez l'assaisonnement.
4. Nappez vos pâtes bien chaudes avec cette mousse. Si vous souhaitez faire chauffer la sauce, une seule possibilité pour ne pas détruire ses nutriments, 2 à 3 minutes à la vapeur douce.
5. Au moment du service, proposez à vos convives de décorer leur assiette de quelques touffes de graines germées. Le goût anisé du fenouil se marie merveilleusement avec cette recette.

Purée de fête pour tous les jours !

En été, cette purée est délicieuse avec des aubergines pelées ou des courgettes avec leurs peaux. Et en hiver, elle est magnifique avec du potimarron et des pommes fruits.

Pour 4 personnes
Préparation : 10 minutes
Cuisson : 25 minutes

1 poignée de graines germées d'alfalfa
1 potimarron de la grosseur d'un beau melon
2 pommes assez grosses
1 cuillère à soupe bien rebondie de purée d'amandes blanches
1 verre de crème de soja ou d'avoine ou de crème liquide au lait de vache
Sel
1/2 cuillère à café de muscade en poudre

1. Lavez sous l'eau du robinet le potimarron et ne pelez surtout pas.
2. Pelez les pommes.
3. Coupez les pommes et le potimarron en gros cubes et faites-les cuire 15 minutes à la vapeur.
4. Passez-les au mixeur avec la purée d'amandes, la crème choisie, le sel et l'épice.
5. Présentez dans des coupes individuelles et décorez avec une touffe de graines germées.
6. Servez aussitôt, cette préparation est excellente chaude.

Rouleaux de printemps à ma façon

Ils n'ont rien à voir avec les rouleaux de printemps que vous connaissez. Si vous voulez surprendre et faire plaisir à vos amis, n'hésitez pas à vous lancer dans cette recette, vous serez récompensés.

Pour 8 petits rouleaux
Préparation : 30 minutes

Pour les rouleaux :
8 cuillères à soupe de graines germées de soja vert
8 petites feuilles de riz sèches
2 carottes moyennes
1/4 de chou vert
1 bouquet de persil
1 oignon
1 belle gousse d'ail dégermée
1 noix de gingembre
8 feuilles de laitue

Pour la vinaigrette :
2 cuillères à soupe de tamari ou shoyu
1 cuillère à soupe de vinaigre de cidre ou balsamique
4 cuillères à soupe d'huile d'olive
1 cuillère à soupe de concentré poires-pommes

1. Mouillez 2 torchons et essorez-les bien. Placez les feuilles de riz sur un torchon et recouvrez-les avec le 2ème.
2. Préparez la vinaigrette : mélangez le concentré de poires-pommes avec le vinaigre et le tamari.
3. Ajoutez doucement l'huile.
4. Mixez finement l'ail et le persil et rajoutez à la vinaigrette ainsi que le gingembre râpé.
5. Préparez les légumes : râpez finement la carotte et débitez le chou en très

fines lamelles. Coupez l'oignon en tout petits dés.
3. Ajoutez les légumes et les graines germées à la vinaigrette et mélangez intimement.
4. Placez une feuille de laitue (à laquelle vous aurez ôté la nervure centrale) sur le centre d'une feuille de riz. Puis, déposez la valeur d'une cuillère à soupe de farce sur la salade. Repliez en tenant compte des indications portées sur l'emballage. Recommencez l'opération pour les autres rouleaux et placez-les frais jusqu'au moment de les consommer. Pour un plat complet, servez les rouleaux de printemps avec du riz basmati complet et une sauce exotique (recette suivante).

… et leur petite sauce exotique

Cette sauce sublimera vos rouleaux de printemps (recette précédente) et autres bouchées exotiques.

10 dattes
2 cuillères à soupe de purée d'amande blanche
1/2 cuillère à café de piment doux de Hongrie
Le jus d'un citron
2 cuillères à soupe de shoyu ou de tamari
De l'eau à température ambiante

1. Broyez finement les dattes.
2. Ajoutez la purée d'amande et le piment.
3. Versez le jus de citron et le tamari et terminez par l'eau, en filet, jusqu'à ce

que vous obteniez la consistance voulue.
4. Vérifiez l'assaisonnement et selon votre goût, insistez sur le tamari.

Glace « volupté » à la banane et aux amandes

Un résultat sublime avec trois fois rien ! Je vous conseille vivement de tester ce dessert, vous allez être agréablement surpris.

Pour 1 personne
Préparation : 5 minutes
Réfrigération : 1 nuit

1 banane
5 amandes

1. La veille, coupez la banane en rondelles et placez-la dans le congélateur.
2. Mettez les amandes (avec la peau) à tremper dans de l'eau de source, si possible toute une nuit. Le lendemain matin, elles se pèleront à merveille.
3. Au moment de déguster votre glace, versez les rondelles de banane sortant du congélateur dans le bol de votre robot. Avec la lame acier, mixez jusqu'à obtenir la consistance d'une crème mousseuse (environ 2 minutes).
4. Versez la glace dans une coupe et décorez avec les amandes mondées. Selon la saison, décorez avec des petits fruits rouges (myrtilles, framboises...) ou tout simplement avec des petits cubes de bananes.

Boisson fraîche apéritive pour épater vos amis

A base de fruits, de légumes frais et mûrs à point, et de graines germées, cette boisson est non seulement du plus bel effet mais elle est aussi somptueuse pour votre organisme.

Pour 6 personnes
Préparation : 8 minutes

4 cuillères à soupe de graines germées de tournesol de 4 jours
1 ananas
2 bananes
2 carottes
1 noix de gingembre
1 boîte de lait de coco

1. Placez la boîte de lait de coco au frais au moins 2 heures à l'avance.
2. Au moment de servir l'apéritif, passez les fruits, les carottes et le gingembre à la centrifugeuse.
3. Mélangez le jus de crudités au lait de coco.
4. Versez dans de jolis verres et parsemez le dessus de graines germées de tournesol.

Tables d'équivalences

Equivalences températures		
Thermostat	Degrés Celsius	Degrés Farenheit
5	150 °C	300 °F
6	180 °C	320 °F
6-7	200 °C	390 °F
7	210 °C	410 °F
7-8	230 °C	440 °F
8	250 °C	480 °F

Equivalences poids		
g (grammes)	lb (livres)	oz (onces)
50	0,11	1,76
100	0,22	3,53
200	0,44	7,05
250	0,55	8,82
300	0,66	10,58
400	0,88	14,11
500	1,1	17,64
600	1,32	21,16
700	1,54	24,69
750	1,65	26,46
800	1,76	28,22
900	1,98	31,75
1000	2,2	35,27

Bonnes adresses

Germ'line
www.germline.fr

Davidson distribution
www.davidson-distribution.com

Ludmilla de Bardo
www.debardo.com

La Mandorle
www.lamandorle.com

Anthyllide
www.anthyllide.com

Nutrition bio vivante
www.pointinfobio.com
Caroline Jolivot (*CaroBio*)
Email : carojolivot@wanadoo.fr

Dans la même collection

Du sirop d'érable au sirop de riz
Miels bio
Des sucres complets aux fruits séchés
Chocolat bio
Tartes printanières
Tartes d'été
Tartes d'automne et d'hiver
Pains maison
Farines bio
Galettes végétales
Les riz bio
Toutes ces huiles
excellentes pour la santé
Vinaigres
Epices et herbes
Mangez des fleurs